Dr Paul Sidoun

Comme une larme dans l'encrier

Récits d'une psychiatrie sensible

D0888028

Stanké

Données de catalogage avant publication (Canada)

Sidoun, Paul

Comme une larme dans l'encrier :
récits d'une psychiatrie sensible

ISBN 2-7604-0569-9

1. Psychiatrie - Cas, Études de. 2. Entretiens
(Psychiatrie - Cas, Études de. 3. Maladies mentales -
Diagnostic - Cas, Études de.   I. Titre.

RC465.S52 1997   616.89'09   C97-940297-2

Couverture : Modigliani *(illustration)*
            Standish Communications *(graphisme)*
Infographie : Tecni-Chrome

*Les éditions internationales Alain Stanké bénéficient
du soutien financier du Conseil des Arts du Canada
pour leur programme de publication.*

ISBN 2-7604-0569-9

Dépôt légal : Bibliothèque nationale du Québec, 1997

Les éditions internationales Alain Stanké
1212, rue Saint-Mathieu
Montréal (Québec) H3H 2H7
Tél.: (514) 935-7452
Téléc.: (514) 931-1627

IMPRIMÉ AU QUÉBEC (CANADA)

À ELISHA, MILENA ET ABIGAIL

*parce qu'ils savent
que mon vrai métier est
de raconter des histoires.*

La tradition hassidique rapporte qu'au temps où le Baal Shem Tov était en vie et qu'une persécution s'annonçait pour la communauté, il avait l'habitude de se rendre seul dans une certaine forêt, dans une certaine clairière, d'allumer un feu d'une certaine manière et de réciter une certaine prière. Alors, un miracle se produisait et la persécution était subitement détournée.

À sa mort, le grand Maguid de Mezeritch continua la tradition, il connaissait la forêt, connaissait la clairière, savait faire le feu mais ne connaissait plus la prière que le Baal Shem Tov avait emportée dans la mort. Cela suffisait néanmoins et le miracle s'accomplissait.

À sa mort, Levi Yitzhak de Berditchev protégea lui aussi les Juifs de Galicie, il connaissait la forêt, connaissait la clairière mais ne savait ni faire le feu ni réciter la prière de la bonne manière, et le miracle s'accomplissait encore.

Mais il arriva un temps où on ne connaissait plus la forêt, ni la clairière, ni le feu, ni la prière, alors tout un chacun pouvait raconter l'histoire. Et quelque chose arrivait qui était comme un miracle.

Préface

Un psychiatre parle des personnes qu'il rencontre dans son travail. Voilà l'essentiel de ce texte. Et comme il parle de personnes, il parle aussi de lui-même; tout au moins on sent qu'il est là, lui aussi, comme personne, interpellé. Et nous, à cette lecture, à cette rencontre, nous nous retrouvons comme sujets au contact de cette folie. À l'heure où l'on parle surtout de maladie mentale, il est heureux de retoucher à la folie, je veux dire celle qui est la nôtre, qui nous est familière et étrange. À l'heure où l'on pense beaucoup à la juguler, il est heureux de la considérer moins étrangère et plus commune.

Ces récits sont des rencontres. Ils touchent, que l'on soit à la place de celui qui vit la souffrance ou de celui qui l'écoute. Celui qui la vit ne sait pas ce qui lui arrive, même si on le lui décrit, si on y donne un nom et si parfois on l'en soulage un peu. Celui qui l'écoute ne voit pas ce qui se passe. Oh! bien sûr, il en voit bien les manifestations : elles sont criantes ; mais ces phénomènes obturent justement le regard sur ce qui doit être reconnu. Et ces deux personnes se retrouvent un jour face à face, alors qu'il est précisément presque trop tard. Juste au moment où c'est déjà beaucoup trop, juste au moment où ce n'est pas encore tout à fait tard.

Ces histoires simples, il faudrait les laisser pénétrer en nous. Elles sont toutes particulières, mais elles nous concernent tous. Elles sont toutes celles d'autres, mais nous les rencontrons dans notre quotidien. Que feriez-vous à la place de ces autres, si vous les viviez ou si vous les entendiez ? Ce livre laisse la place à l'évocation. Rien n'y est conclu ; tout y est laissé à celui qui s'y éprouve. Il laisse à penser, et il laisse à faire.

Ce qui frappe toujours, c'est la déraison. Des actes bizarres, des paroles incongrues, des pensées étrangères. La déraison choque et dérange. Plus que cela, elle laisse aussi à réfléchir ; jouez avec ce mot tant que vous le voulez : fléchir, se voir, créer, refléter... Elle pose question : quelque chose qui y est transmis nous échapperait-il ? Quelque forme qu'elle prenne, serait-elle un autre langage ?

On le dit du monde des rêves, de l'intuition, de la clairvoyance, qu'ils montrent d'autres univers que celui du raisonnable. On le dit pour l'art, en tout cas pour certaines de ses œuvres, qu'il modifie les formes pour en faire poindre d'ailleurs. Mais ici, dans la folie, la déformation rencontre la déraison ; celui qui en rend compte n'est pas plus raisonnable que ce qui en est présenté. Un plus un égale zéro. Sur le coup, on va enfermer, interdire, étiqueter, quantifier, sectoriser, hospitaliser, intervenir, traiter, changer, réhabiliter ; on fait juste ce qu'on peut.

Et éventuellement, avec un peu de compassion, un peu de formation, un peu de budgets, un peu de temps, on rencontre. Avec le risque d'éprouver, avec le risque de soulever, avec le risque de reconnaître. D'abord la présence, au travers de tout ce qui l'empêche : les confusions, les délires et les hallucinations, les obsessions et les répétitions, les explosions et les hurlements, les manifestations et les exhibitions. Ensuite l'écoute, à travers ce qui est manifeste : toutes ces paroles dites pour rien, toutes ces phrases redites pour les autres, tous ces mots passe-partout, ces diagnostics, ces épithètes, ces qualificatifs. Enfin le regard, au travers de ce qui le détourne : ces tics, ces habitudes, ces maniérismes, ces faire-valoir et ces déguisements, ces handicaps et ces déformations, ces maladies.

Une présence, une écoute, un regard pour toucher l'être, ce qui est ou n'est pas, au travers de ce qui est présenté. Là, la rencontre d'une personne minuscule, d'une parole naine, d'un regard nouveau. Là, la rencontre particulière qu'est la thérapie avec ce qui n'est pas beaucoup, avec ce qui est trop peu. Car ce qui existe déjà, et ce qui existera, n'appartient plus au thérapeute ; c'est déjà la vie de la personne, sa vie. Le cœur de la thérapie, c'est cette rencontre avec ce qui n'est pas encore.

Curieuse cette connaissance que cette simple rencontre permet ; un défi aux efforts de dissection biologique, une protestation face aux élucubrations théoriques. Il s'agit d'un acte de connaissance, d'un mouvement qui vient s'insinuer dans un destin clos. La folie se déclenche dans l'absurdité de la fatalité. Il s'agit donc d'un geste qui l'infiltre et y crée un espace de liberté, et d'action. On ne pourrait dire que cette connaissance, par cette action, détourne le destin : ce seraient ambition et idolâtrie. On peut dire qu'elle s'en inspire pour en multiplier les voies.

À l'opposé, on voudrait pouvoir casser le destin, le dompter, comme s'il s'agissait de quelque chose de futur alors que le destin est toujours du passé. Casser le destin amène à le trouver d'abord étrange, c'est-à-dire étranger alors qu'il est familier, et puis à s'en révolter, au lieu d'en utiliser la formidable force. Quand soigner devient une lutte à finir avec le destin, cela vire à l'abus de savoir et de pouvoir, savoir et pouvoir exercés vers l'autre, à son corps et son esprit défendants. Mais quand soigner est ouvrir le destin pour en générer les possibles, alors personne n'y perd ou ne s'y perd.

Ce psychiatre rencontre des personnes et questionne leur destin, et ces gens s'en sentent un peu plus libres. Une simple rencontre, pour que des histoires deviennent des récits : ceux dont on sait qu'on les a déjà vécus, un jour.

Jean-Charles Crombez
Psychiatre
Professeur titulaire de clinique
Université de Montréal

Avant-propos

Un médecin devrait être comme un confesseur, silencieux et muet sur ce qu'il entend, et sur ce qu'il sent. Mais quelquefois, pour rester encore un peu sensible, pour que toutes ces douleurs entendues le soient comme la première fois, comme ces premières fois d'un premier amour, il arrive de parler, de vouloir raconter, raconter comme on raconte un amour, toujours un peu loin de ce qu'il a été, toujours un peu tendu vers lui, toujours dans ce mélange de nostalgie et de plaisir des collections, toujours à la limite de la vénération et de la trahison.

Raconter et répéter pour conserver égoïstement le plus de ce qui a été. Ces récits sont des bouts d'amour. Tristes ou curieux, ils sont des maux d'hommes et de femmes, des morceaux de rencontres d'un travail de psychiatre.

Certains sont directement inspirés de l'histoire d'un patient, qui m'a alors autorisé cette publication. D'autres sont des puzzles de milliers de ces entrevues, n'appartenant à aucune d'entre elles comme à toutes. Les noms, les lieux, les histoires sont inventés, seules les émotions qu'elles rapportent ont réellement existé. Existe-t-il réellement autre chose d'ailleurs?

D'autres, enfin, sont des morceaux de moi-même, comme le rappel que la souffrance des autres ne peut s'entendre réellement qu'après le contact de la sienne propre et qu'après avoir essayé de la dépasser. La vraie vie n'est pourtant pas la souffrance et la seule normalité est le bonheur. Mais le bonheur après toutes ces rencontres de la souffrance ne me semble que l'aboutissement de ces traversées. C'est de cela qu'il est question ici.

Alors à ceux-là, rencontrés ou rêvés, merci de leur présence, merci de leur existence, merci pour la rencontre de leur visage.

En 1995, justement mourait un homme : Emmanuel Levinas, qui a comme philosophe pensé cette question de la rencontre du visage de l'autre, le visage comme cette ultime et essentielle présence de l'humain.

Il parle de ce visage comme d'une surprise et d'un cadeau lorsqu'il apparaît enfin fragile et dépouillé de tous les attributs de l'avoir. Il ne peut à mon sens y avoir de rapport thérapeutique sans cette nudité de la rencontre. Le bureau, les titres, les médicaments existent, bien sûr, ils séparent, mais il y a toujours un moment où thérapeute et patient quittent ce vis-à-vis pour regarder la vie, ses choix, ses impasses, ses détours. Et dans ce moment, dans ces bouts de dialogue, il y a un compagnonnage, une fraternité où chacun sent l'insoutenable légèreté des secrets de l'existence.

Ce sont ces moments de cheminement qui sont alors précieux, comme ces dialogues pendant lesquels Socrate se promenait avec ses disciples. Marcher ensemble, regarder autour de soi et parler. Lorsqu'un échange thérapeutique fonctionne, cela ressemble à cela.

La maladie, parce qu'elle existe, est alors un accident du terrain qui rend le chemin difficile. Mais les chemins sont toujours difficiles...

Tricot

Michelle devient folle, elle ne le sait pas mais c'est le genre de choses qu'on sent.

Pourtant, ça ne devrait pas lui arriver à elle. Tout est si rangé dans sa vie, un mari, deux petites filles poupées, une maison bonbon, une voiture propre, un budget bien équilibré et, bien sûr, les inévitables cours de ressourcement, taï chi, apprenez à communiquer avec votre enfant intérieur et balancez votre énergie.

Tout a toujours été comme cela pour elle, propre, occupé, méticuleux, et même maintenant qu'elle est folle elle ne perd pas une minute de sa vie de fourmi industrieuse et tricote, tricote sans arrêt.

Papa le lui avait dit déjà toute petite, dans une grande famille comme la nôtre, chacun a sa place à condition qu'il fasse sa part. Évidemment, c'était raisonnable pour une famille où tous ces enfants devaient se partager maman. Mais quelle étrange menace : « à condition que chacun fasse sa part ». Il y a un prix pour une maman ? Surtout, ne pas poser la question, maman est un petit peu c'est vrai dans chaque chose, dans les lits faits, dans la vaisselle propre, dans les chaussures rangées, bien sûr, bien sûr. Mais dans ses bras quand ? À condition de ne pas y penser, ça va, on grandit quand même.

Michelle se promet que ses enfants à elle, jamais ils ne sentiront ce vide. Jamais.

Mariage, première grossesse, premier bébé, tout va bien : une petite fille, là tout contre elle, maman sera là, toujours, bonne, pas de prix pour cela. Gratuit. Quand on aime, on ne compte pas.

Maman est là, toujours, pas de peur, pas de désordre. Cela fatigue mais il le faut et il faut même prendre des cours pour aimer sans tout permettre et tout se joue avant six ans. Un bébé. Dans une vraie famille, il faut deux bébés. Deuxième grossesse, vomissements, peur, insomnie, aquaforme, relaxation, mais peur.

Accouchement. La vie avec deux bébés, difficile, comment faire sa part, comment être là tout contre elles deux. Ne pas lui faire de peine, ne pas la perdre et tricoter, tricoter.

L'aînée pleure, c'est difficile d'être une grande sœur quand on est encore un bébé. Maman comprend et elle essaie, elle fait tout ce qu'elle peut maman, et elle a les bras pleins, trop pleins.

Alors, elle chante, maman, et c'est là qu'elle devient folle. Elle sait qu'elle en veut au bébé. Sa grande fille encore si petite pleure et il va lui manquer quelque chose. Alors, elle chante encore un peu pour endormir ce bébé si vorace, cette jolie chanson sur la vie qui commence, mais elle a dit : « Dors mon bébé, dors pour la vie qui s'achève ». Elle l'a dit. Et c'est là qu'elle est devenue folle.

Tout bascule à ce moment-là. Peut plus dormir et ces voix[1] qui lui disent que les enfants sont en danger, qu'elles vont mourir, elles les deux poupées dans la maison bonbon. Comment faire sa part? La peur du vide reprend, la peur d'avoir fait mal, comment manger, comment les serrer encore dans ses bras, à l'abri. Il n'y a plus d'abri au vide et à la peur qui s'y engouffre.

Tenir encore un peu, demander de l'aide. Retrouver de l'harmonie. Que dit le taï chi ou l'acupuncteur. Tous ceux qui croient à l'harmonie, pas le docteur, pas le docteur qui parle trop de ce qui ne va pas. Ça ne va pas, elle le sait bien et elle ne veut plus le savoir.

C'est sans doute cela la folie[2].

---

1. L'avènement de symptômes tels que des hallucinations auditives est fréquent dans les dépressions psychotiques et en particulier dans celles qui surviennent après l'accouchement (dépression post-partum). Il est remarquable d'observer à quel point un sentiment de colère face à un enfant semble être l'émotion la plus insupportable pour une mère. Très souvent, les hallucinations qui surviennent sont en quelque sorte la mise en scène projetée à l'extérieur de l'individu de cette colère. «Ce n'est pas moi qui en veux au bébé mais les bébés sont en danger.» Comme si chez les personnalités fragiles la colère était un sentiment tellement insupportable qu'il poussait à cette distorsion de la réalité.

2. Il est souvent impressionnant de remarquer à quel point les interventions extérieures souvent superficielles sont en quelque sorte complices du processus de refoulement. Ainsi, d'une manière générale, il est assez étonnant d'observer à quel point les médecines douces dites d'harmonie ou d'équilibre des énergies apparaissent dans une époque où les conflits psychologiques sont de plus en plus intenses.

Alors l'acupuncteur dit des choses folles, que ses chakras sont ouverts, que si elle entend des voix, c'est qu'elle est «claire-audiente». Tout pourvu que l'on ne lui dise pas qu'elle n'en peut plus des bébés, plus comme ça, en faisant toujours plus que sa part.

Quand son mari l'a finalement emmenée à l'urgence, Michelle avait maigri de dix kilos en deux semaines, elle dormait armée pour protéger les enfants et les serrait compulsivement contre elle, ne les menait plus à la garderie, la maison n'était plus qu'une chapelle pleine de bougies et elle tricotait sans arrêt.

Dépression psychotique[1], antidépresseurs, antipsychotiques et puis du temps, du temps pour apprendre à ne plus tricoter...

---

1. Les dépressions psychotiques réagissent en général très favorablement au traitement. Quelquefois, le plus efficace consiste en des séances d'électrochocs. Quoi qu'il en soit, le conflit qui a mené à l'éclosion de tels symptômes reste toujours en tout état de cause à éclairer le plus possible.

Questions trop grandes

*L*isa a 25 ans, l'âge d'être belle, de séduire, de rire, de penser à l'avenir, d'être optimiste, de s'ouvrir au monde et de vouloir le conquérir.

Lisa est belle, oui mais elle n'est plus, vraiment plus optimiste. Lisa est un champ de bataille et elle essaie plutôt d'y survivre.

Italienne, elle habite le Canada. Elle vit à Montréal mais habite le quartier italien. Elle est styliste mais habite avec ses parents, elle aime les Ferrari de ses amis mais sa mère la convoque pour la saison des conserves de tomates. Toujours du rouge, mais la cohérence s'arrête là. Et surtout, dans son décolleté, elle porte une croix qui se détache sur sa peau pâle d'Italienne du Nord et cette croix la brûle. La foi ne guérit pas certaines contradictions.

Et c'est pour cela qu'elle prie, qu'elle prie tout le temps pour qu'un jour le compromis se fasse en elle.

Elle prie depuis si longtemps, exactement depuis le temps où sa mère usée par sa vie d'immigrante au Canada avait quitté son père pour retourner vivre en Italie.

Elle avait huit ans et sa mère lui avait dit que son père était si dur avec elle qu'elle aurait un nouveau père!

Alors petite fille, assise sur les marches de cette maison de Toscane, elle priait pour comprendre, pour que Dieu lui dise qui était son père, un papa *gelati* ou cette brute que sa mère lui décrivait, un Italien ou un Canadien? Pour savoir si l'amour secret qu'elle lui gardait était péché ou pas.

Parce que, quand on est trop petite pour des questions trop grandes, il faut que quelqu'un nous dise où est le bien et où est le mal.

Alors plus tard, quand la réponse est venue et que ses parents sont revenus ensemble au Canada, pour Lisa, jeune fille, la question est restée et elle s'est toujours sentie trop petite pour réfléchir au bien et au mal, aux torts et aux raisons, aux victimes et aux coupables. C'est souvent comme cela, les questions des enfants durent plus longtemps que la réponse qu'on leur donne.

Et quand l'amour vient pour elle, c'est cette question qui l'habite. Et quand ce bel amour aux chemises de soie la quitte, c'est cette question qui explose. Qu'a-t-elle fait de mal pour avoir tant de peine?

Quelle noirceur porte-t-elle pour qu'elle se retrouve toujours si loin?

Elle pleure, elle pleure sur toutes ces questions qui se correspondent comme une malédiction sur elle parce qu'elle est toujours trop petite pour comprendre ceux qui séparent les petites filles de leur amour.

Et comme, dans toutes ces peines sans réponses, l'incertitude et la culpabilité creusent un trou de plus en plus noir – est-elle sûre de ne pas être un démon, est-elle sûre de ne pas être folle, est-elle sûre de ne pas faire du mal à ceux qui l'entourent? – la petite fille se sent un monstre de cet amour parti.

Des mois passent à cette souffrance, jusqu'au jour où ce fantôme de Lisa, pâle, amaigrie, insomniaque et toujours brûlée par sa croix, me demande si elle veut du mal à sa mère.

Cette question est une folie pour Lisa, cette question est sa folie. Mais quand elle l'a prononcée, elle s'est un peu détendue et elle m'a dit qu'elle allait prier.

Alors, peut-être grâce à Dieu, les antidépresseurs qu'elle recevait depuis plusieurs mois l'ont, cette fois, délivrée de ses démons et elle a recommencé à vivre. Elle va mieux.

D'ailleurs, elle vit chez ses parents, elle a un peu de mal à les quitter, bien sûr, elle les observe, mais elle se mariera sûrement un jour... si Dieu veut bien la réconcilier avec ces séparations qui sont en elle[1].

---

1. Il s'agit ici d'un trouble obsessif, c'est-à-dire marqué par la récurrence d'idées obsédantes (peur de faire du mal, d'être un démon...) que le patient décrit ne pas pouvoir arrêter. Ces troubles obsessifs se compliquent assez fréquemment de moments de dépression assez intenses. On retrouve très souvent des conflits psychologiques dont la prise de conscience est quelquefois utile, mais quelquefois non, à l'apaisement du sujet.

La fiancée

*M*arguerite aime les signes, en faire, en recevoir et surtout les cacher et les découvrir. Quand Marguerite était encore une petite fille, elle aimait jouer seule. Quand on est seule justement, on les possède tous, les signes. Les nuages et leur forme, la marelle sur le trottoir deviennent des visages, des monstres, des lutins, des palais, qui sautent de l'enfer au paradis. Un pas peut faire tomber du ciel, un instant d'inattention et le lutin disparaît.

On ne joue pas avec les autres enfants quand on est si occupée et on est sage,

sage comme une image, un peu distraite à l'école mais tellement sage. Et le temps peut passer tranquille. Rien n'existe vraiment, tout est signe, paysage, émotion, rêverie. «Une enfant parfaite, si calme», dit sa mère[1].

Calme, très calme, mais la vie ne l'est pas. Le corps d'une petite fille ne reste pas longtemps calme, le sang de treize ans, les regards des garçons, leur désir. Les signes ne la laissent plus tranquille, ils parlent, demandent, forcent. Ils sont présents, les choses existent, touchent... font saigner.

Rester petite, à l'abri, sage, lâchez-moi, ne touchez pas ça.

Ils s'en vont, il y a du sang sale sur les rêves.

Grandir maintenant pour les protéger.

Protéger quoi, protéger qui, pourquoi ne t'amuses-tu pas? Sors. A ton âge, je sortais.

Justement, elle sort, ou plutôt elle part. Quand on suit les signes, on part, on ne rentre pas. La rue, la drogue,

---

1. Très souvent, chez les patients qui présenteront des aspects de schizophrénie à l'adolescence, l'enfance est marquée par cet aspect un peu retiré et rêveur. On a découvert récemment que vraisemblablement différents troubles de concentration sont sans doute présents très tôt et que l'isolement permet comme dans un effort de la nature de s'adapter aux difficultés, de masquer ce trouble. Comme on le voit, la vie se charge par la suite de faire apparaître ces déficiences de manière plus claire.

pourquoi pas, pour ne plus sentir, seulement rêver, rêver sa vie, ne pas la sentir. La rue, le minimum pour la vie, et les signes qui reviennent enfin juste pour elle[1].

Marguerite peut enfin être la princesse de ses rêves, une princesse sale, hirsute, échevelée, folle mais cela ne la touche plus, justement.

Et maintenant, elle seule les connaît les signes et elle en laisse partout, peu importe avec quoi. Cette princesse clocharde cherche maintenant son prince. Des signes, il faut qu'il y en ait partout pour lui, qu'il les voie et que seul il puisse les interpréter. Elle et lui seulement.

Marguerite, célibataire, sans domicile fixe, amenée à l'urgence par les policiers pour trouble de comportement.

Depuis deux ans, fugue du domicile parental, consommation d'hallucinogènes, dénutrition, comportement étrange, parle seule, agressive.

Policiers alertés par le voisinage qui se plaint des alignements de détritus que la

---

1. En Amérique du Nord, une grande majorité des sans-domicile fixe sont atteints d'au moins un trouble psychiatrique. La schizophrénie et la réduction des hospitalisations entraînent souvent ce grand mouvement de marginalisation. La consommation d'hallucinogènes agit alors à la fois comme un déclencheur des troubles et quelquefois comme la seule manière de conserver une distance «d'inconscience de la maladie».

patiente place devant leurs portes.

À l'entrevue, refuse de parler, semble absente, rit seule, refuse de collaborer au traitement, une lettre trouvée dans ses multiples bagages semble adressée au pape dans un langage amoureux et incohérent.

Schizophrénie paranoïde, hospitalisation, antipsychotiques.

Le pape! Le seul qui ne l'aurait pas touchée, son prince[1], mais qui comprendra ces signes du passé...

---

1. Très souvent, des patients qui ont pu élaborer, sans intervention thérapeutique, un délire sont des personnages très attachants et quelquefois pittoresques. Ces productions délirantes parfois très élaborées peuvent prendre des allures romanesques, mais il faut toujours garder à l'esprit qu'il s'agit de «romans intensément vécus» que le patient peut, à certains moments d'exaltation, passer en acte. Quelques patients, d'ailleurs relativement peu nombreux, sont ainsi passés dans le domaine public par tel ou tel geste spectaculaire par rapport à un personnage public.

Cadeaux

*M*aria a une famille, je ne parle pas de son mari et des enfants. Non, sa famille, ses parents, ils prennent beaucoup de place, elle se sent responsable d'eux, elle a peur qu'ils soient malades, qu'ils se sentent seuls et, au fond, elle ne le sait pas mais elle se sent coupable de s'être mariée et de ne plus être leur bâton de vieillesse.

Son attachement pour eux est comme cela, comme un amour d'enfant qui espère que ses parents aillent mieux, il continue encore longtemps dans l'âge adulte. Ses enfants, son mari, elle les aime bien sûr, parce qu'ils ont fait plaisir à ses parents quand elle les a eus, mais les aimer pour elle-même comme des choix d'adulte, elle y a beaucoup de mal. Alors, elle leur donne sans arrêt, aux uns parce qu'elle se sent coupable de ne pas être tout à fait là, aux autres parce qu'elle a peur d'eux. Peur et peur de ne pas se donner assez, tels sont ses choix d'adulte.

Les conserves de tomates pour les parents, les devoirs et les cadeaux pour les enfants, les concessions à ce beau mari macho qui s'achète des voitures de sport pendant qu'elle prend l'autobus dans le froid, rien ne suffit. Rien ne suffit parce qu'elle pense qu'un jour quelqu'un lui dira que c'est assez et qu'elle peut se reposer parce qu'on l'aime malgré cela. Mais personne ne dit rien. Au fond, Maria a toujours eu peur de se le dire elle-même que c'est assez. Il faut une sorte de courage pour cela, une sorte de solitude. Alors, quand son mari se trouve quelqu'un qui ne lui donne rien que cette séduction qui se retire, se fait désirer, et qu'elle voit qu'il aime ça, son monde s'effondre. Il l'a trompée et, bizarrement, elle comprend que c'est de sa faute à elle parce qu'elle savait qu'elle n'était pas tout à fait là.

Elle lui pardonne, mais il ne lui demande pas. Elle le supplie, elle lui donne encore tout ce qu'elle peut lui donner, elle s'épuise.

Les erreurs les plus douloureuses sont toujours comme cela, les plus solides, et elles poursuivent la spirale de la décomposition longtemps après qu'on n'en puisse plus. Elle n'en peut plus, Maria, elle a maigri, ne dort plus et, au fond, elle ne peut plus donner, enfin. Quelque chose se casse.

Ce genre de brisure avec ce qu'elle a de plus profond en elle, avec ce qui douloureusement était sa seule sécurité, ne se fait pas sans mal.

Et le mal, quand il est si fort, est souvent proche de la folie.

Elle ne sait pas demander à ses parents de la laisser vivre, et elle ne savait pas demander à son mari de la désirer. Elle ne pouvait pas parce qu'elle pensait qu'elle était là pour les autres. Elle attendait leur amour et pensait qu'il fallait qu'elle le mérite. Alors, les autres deviennent sa folie.

Elle pense dans sa douleur qu'on lui a mis des aiguilles dans la tête, qu'une force qu'elle ne connaît pas la commande, devine sa pensée et la fait agir. Elle pense que cette force est responsable de sa séparation et de l'infidélité de son mari.

Elle n'a pas tort au fond dans sa folie. Et cette folie parle enfin à la place de ce qu'elle ne pouvait pas dire. Ses parents, son mari s'inquiètent pour elle, ils voudraient faire quelque chose pour elle enfin.

Ils ne savent pas comment. Ils n'avaient jamais su, d'ailleurs.

Alors urgence, hôpital, infirmières, là-bas au moins on sait donner, au patient, à sa famille, aux enfants.

Maria est une malade tranquille, elle va mal mais ne demande rien.

Thérapie, neuroleptiques, antidépresseurs, elle accepte tout enfin, et surtout elle sait qu'on va parler pour elle[1].

Et puis, maintenant que quelqu'un parle et que quelqu'un donne à la place de Maria et à Maria, la famille, la vraie famille de Maria, se reforme.

Les enfants viennent à l'hôpital, le mari les y laisse quand il travaille, ils amènent leurs devoirs après l'école et

---

1. C'est un peu cela, la thérapie dite de milieu, qu'un lieu hospitalier devienne un maillon à part entière de toute la dynamique d'un patient. Ces soins, qui ne passent pas forcément par la parole, créent des liens quasi familiaux entre un patient et l'hôpital.

demandent même aux infirmières de les aider quand maman ne va pas bien. Maria est rassurée, elle peut s'occuper d'elle enfin. Elle va mieux et, la première fois qu'elle se maquille, maintenant qu'elle commence à faire attention à elle, son mari la trouve séduisante. Et comme il ne sait pas lui faire de cadeaux, il l'emmène faire un tour dans sa voiture de sport.

Et quand elle sort de l'hôpital et qu'elle retourne vivre avec son mari, il fait attention à elle. Maintenant qu'elle a les nerfs malades, il l'aimera et il évitera les sujets difficiles.

Comme ses beaux-parents, par exemple.

Chant

*M*adeleine est belle, de cette beauté joyeuse, chaleureuse, plantureuse. Cette beauté qui s'est cultivée, réchauffée sur les bords de la Méditerranée, dans cette Salonique de chaleur, de luxe, d'insouciance qui n'existe plus. La Grèce, d'Albert Cohen, des fêtes, de l'aristocratie, entre le tarbouche et le smoking, entre la truculence du *ladino* des vendeurs de rues, et le français châtié des précepteurs de la Sorbonne. Être belle, rire, faire rire, séduire et chanter, d'abord à l'église, puis dans la douceur des soirées de printemps autour du piano et de quelques amis. Les amis, les garçons, leurs cheveux gominés et leur regards... allumés. Quelle douceur, quelle excitation.

La vie est belle, douce, et si exaltante dans ces conciliabules pouffés entre filles, qui choisir, lequel avoir et auxquels renoncer. Avec qui bâtir ce mur de respectabilité du mariage.

Mais le chant est le plus fort et lui, il n'y résiste pas et veut la posséder tout de suite. Il est beau, triomphant, mais fort, lourd, précis et décidé à aller jusqu'au bout. Est-ce cela le désir, est-ce un viol? Madeleine ne savait pas ce qui venait après le chant.

Drame, colère, frères, père, la sexualité en Orient est une affaire d'hommes. Le viol n'existe pas, on se marie pour que le viol... continue.

Des enfants naissent, même des viols. Quatre, ils seront la fierté de Madeleine. Mais il y a ces nuits, ces terribles nuits où la fête est terminée et où ce corps suant sous le smoking l'écrase, la fait taire. Chanter encore quelques fois, pour jouer le plaisir, le bonheur. Être une mère, une maîtresse de maison, régner sur la cuisine, mais être une femme esclave.

Il y a la colère. Cela ne se dit pas. Les amies ne sont plus là pour pouffer. D'ailleurs, ce n'est plus drôle. Mal, mal et le corps grossit parce qu'il ne peut pas jouir. Ces regards allumés, comme ils manquent.

Alors, jouir et être regardée de nouveau, tomber, succomber, se tendre, trembler, puis se détendre, c'est bon enfin. La colère se mêle au désir. Madeleine fait des crises. Ses nerfs lâchent, ses nerfs parlent.

« Épilepsie », dit le spécialiste payé à prix d'or. Repos, barbituriques[1], elle a les nerfs malades et on doit la ménager. Il n'a rien compris[2], mais elle a compris ce que cela veut dire. Le smoking va la laisser tranquille et, en plus, il paiera

1. Barbituriques : classiques médicaments de l'épilepsie, ils ont toujours joui d'une aura romanesque. Suicides d'amour aux barbituriques, toxicomanie aux barbituriques ; peut-être en est-il ainsi parce que leur inventeur les a nommés du nom de sa fiancée Barbara !

2. Effectivement, il s'agit d'un faux diagnostic, ou en tout cas au moins d'un diagnostic partiel, le diagnostic principal étant vraisemblablement de personnalité histrionique, c'est-à-dire d'un conflit de la série hystérique. Comme on le voit, les manifestations de crises peuvent mettre en scène un conflit impossible, culturellement ou familialement, à élaborer autrement. Le traitement pour l'épilepsie que cette patiente a reçu pendant des années a été en quelque sorte une étiquette facile à utiliser pour tous. On s'aperçoit ainsi qu'il y a, à certains moments, des complicités entre un diagnostic et un conflit psychologique, malheureusement intravaillable tellement le temps et la vie se sont organisés autour de lui. Quelquefois, pour ce genre de patients, on peut se demander si une clairvoyance sur ce qui s'est véritablement passé n'amènerait pas un mouvement de tristesse et de dépression que rien ne pourrait arrêter.

pour la faire soigner. Elle sera cette mère héroïque qui s'occupe de ses enfants malgré la terrible maladie. Un équilibre, une sorte en tout cas.

Les enfants, ils ne s'y sentent pas très bien, ils en ont assez d'être les acteurs de ce drame héroïque. Ils en ont assez des crises. Qu'est-ce qu'elle veut de nous avec ses baisers, ses bénédictions, ses lamentations? Comment peuvent-ils lui faire ça? Ils fuient, l'adolescence, la drogue, les bêtises ne peuvent pas s'arrêter parce que l'héroïsme de leur mère ne peut s'arrêter. Madeleine est le drame, elle sera une mère en deuil avec le même héroïsme. L'*overdose* de sa fille, le viol, l'épilepsie, tels ont été ses amants.

Madeleine garde des photos dans son sac usé. Elles sont belles, ces photos, les fêtes, les enfants, le rire, l'insouciance, et quand elle me les montre j'entends chanter.

Thérapie, quelle thérapie, mais venez donc manger à la maison, docteur, je vous chanterai quelque chose.

Noël

*P*ierre est maintenant un père Noël. Il en a la barbe blanche, l'embonpoint et le rire grave d'une voix éraillée par le tabac. Par l'alcool aussi, c'est peut-être sa différence avec le père Noël.

Il a bu beaucoup, ce Pierre Noël, de la bière et beaucoup d'autre chose : sa peine, sa peur, sa colère et au fond son désarroi d'avoir toujours été seul.

Seul, toute l'année et à Noël aussi, en dehors des maisons, dans la neige, à regarder la lumière des maisons des autres.

Pierre a été un enfant, bien sûr, il a eu une maison, mais ce n'était pas un cadeau cette maison.

Douze enfants, des lits partout et même pas la chance d'être le petit dernier.

Pour mère, une grande sœur occupée. Pour père, la loi du plus fort.

Comment grandir, devenir plus fort oui, mais grandir, apprendre à aimer, à s'aimer, à être doux, à étudier, à travailler, qui peut même y penser?

Alors la vie passe dans cet enfer, dans les coups, dans cette inexistence, et Pierre apprend le rire de la colère, celui des mauvais coups, des fugues, des petits vols, des petits tripotages de filles. Au moins, on se sent un peu exister dans la colère du père en rentrant.

Cette colère, on finit par l'aimer comme un rituel, comme une présence, et tout est bon pour l'entretenir. Au moins, sentir ce père proche quelquefois.

C'est une malédiction, un amour comme ça, mais quelquefois l'amour est cela, noir et mortel.

Et puis, il y a un moment où les sentiments deviennent des actes et scellent la vie d'une cicatrice irréparable. Ce n'est en général qu'un glissement, qu'une coïncidence, mais c'est comme cela le destin.

Ce petit cadeau du destin pour Pierre, ce petit cadeau noir s'appelle crise cardiaque. Infarctus massif de son père au cours d'une de ces innombrables bagarres avec lui. Des coups s'échangent, il tombe, mort.

Le reste s'enchaîne facilement, rituellement, procès, prison, mais le plus important est déjà fait : Pierre est sorti de la maison avec sa malédiction pour patrimoine.

Pierre se fait tatouer trois larmes au coin de l'œil, trois petites larmes sur ce grand corps si fort. Voilà, tout est là. Ces larmes, elles font pleurer toute une vie. Alors, alcool, drogues, tout est bon. Pierre est dur de ces larmes, à toute épreuve.

Des années passent, les malédictions s'enfouissent, elles ne s'oublient pas.

Une chance pourtant, longtemps, longtemps après, accident de voiture, traumatisme crânien, coma, altération des fonctions supérieures, déficit de la mémoire.

Toujours pas facile à vivre, Pierre, mais une larme d'oubli dans cet océan de chagrin c'est quelquefois un autre signe du destin.

Hôpital, neurologie, psychiatrie.

Difficile pour Pierre d'être avec des gens qui veulent lui parler. Encore quelques bagarres, mais curieux ici qu'on parle après.

Difficile de faire confiance, et puis ça lâche petit à petit. On comprend sa peine, on l'aide à réparer ses colères. Un peu de cadre, un peu d'attachement, une thérapie, peut-être peut-on l'appeler ainsi.

Trois ans maintenant que le temps passe[1]. Il se répare doucement. Bien la première fois de sa vie, ce mot. Pierre est fidèle à ses rendez-vous. Au fond, il connaissait cela la fidélité, même à la malédiction. Et maintenant, il fait des cadeaux à ses thérapeutes. Il ne sait pas encore s'il peut en recevoir, tout comme il ne sait pas encore s'il peut avoir une maison.

---

1. Il s'agit ici d'un patient très attachant mais présentant sur toute la longueur de sa vie un trouble sévère de personnalité avec des aspects psychopathiques, c'est-à-dire marqués par la violence, l'impulsivité, le manque de culpabilité et une absence de respect des valeurs sociales. Comme on le voit, les choses sont toujours liées avec des aspects de grande carence affective dans le passé, ces aspects étant la plupart du temps très difficiles à aborder. Il s'agit de patients qui communément boivent leur peine «ou explosent leur colère de la vie sur leur entourage». Il est souvent dérisoire d'observer que, malgré cette grande attente affective, ce sont des patients qui font le vide autour d'eux.

Souvent, cette biographie est marquée d'une rupture qui apparaît alors comme une conséquence de cette vie usante. Chez ce patient, cet accident de voiture et les séquelles physiques qu'il en a gardées en ont été l'exemple.

Alors, il va encore quelquefois mal et il déclenche des bagarres, surtout à Noël, bien sûr. C'est son cadeau.

Provocation

*L*ouis avait quelque chose de royal en lui. Il a mis soixante ans à le découvrir.

Officiellement, il est schizophrène chronique. Il expose ses chaussettes dans la salle d'attente, il se plie à ses injections de neuroleptiques, parle facilement des voix qu'il entend dans sa tête. Il est gros, mal habillé, mal rasé, et il rit intérieurement. Il rit beaucoup maintenant qu'il sait de quelle sorte de mission il a été affublé.

Son père lui a appris à séduire, à aimer le jeu de l'amour, en tout cas à aimer le jeu de la manipulation, ce qui dans la séduction est la prise de pouvoir sur l'autre. Il en a été sidéré, on peut attacher quelqu'un et le faire sortir de lui-même.

Alors, quand il l'expérimente, il jouit de cela. Il l'essaie d'abord avec... les Anglais, il aime les provoquer et, à la sortie de l'école, il est capable de déclencher des batailles mémorables. Il sait trouver le point faible. Rien n'y fait, éducation stricte, collège tenu par des religieux, cette fascination d'être capable de faire sortir les autres de leurs gonds est extraordinaire.

Un prêtre l'initie.

Une jeune fille chaste du collège de jeunes filles veut se marier, il décide qu'il veut la dépuceler. Elle cède, mais se suicide quand il rit d'elle.

Première et peut-être seule culpabilité. Il a dix-sept ans. Alors il repense à sa mère qui pleurait quand son père la trompait.

Un éclair de peine, une fenêtre dans la jubilation. Doit-on se calmer un peu?

C'est vrai que derrière tout séducteur se cache quelqu'un dont la mère a été mal aimée.

Maman... l'armée. Le glissement est facile. Elle, au moins, l'acceptera et l'enca-drera. Elle sera exigeante de fidélité. Il passe le pas et s'engage. Il sera spécialiste des communications évidemment et essaie de ne plus être souverain mais sujet et obéissant. Le changement est rude. Il va mal, il entend des voix, elles lui disent qu'il sent mauvais, elles n'arrêtent pas, il savait bien qu'il n'était pas et depuis longtemps en odeur de sainteté mais quand même.

L'armée encore un peu, mais cette fois l'hôpital militaire et la réforme pour invalidité psychiatrique. Elle le rejette sans pension. On lui dit qu'il était malade avant. Il le sait bien, mais il voulait échapper à son destin.

Alors, la royauté revient. La maladie et la schizophrénie seront la sienne. Il s'hospitalise quand il le veut, facile, les voix, les idées de suicide vraies ou pas, les menaces de mort et pourquoi pas l'annonce publique aux journaux de sa mort du haut du pont Jacques-Cartier.

Envie de voyage. Il n'a pas d'argent. Où est le problème, il suffit de payer le voyage aller, les retours se font en ambulance. Il est fou, même les policiers le lui concèdent.

Il explore d'autres cordes à son arc, les plaintes. La politique de qualité totale et les protocoles de traitement des plaintes des usagers sont un baume pour son cœur.

Les grands magasins, les services sociaux, tout y passe. On écoute ses plaintes, on se sent coupable, on s'excuse, il jubile.

Un de ses beaux coups : son expédition pour tuer le président du Mexique. Il fait beau là-bas. Il le fait pour faire diversion à la lutte antidrogue, il veut protéger Pablo Escobar, un baron de la drogue, rien que ça.

Rien de dangereux, il va confier son projet aux soldats devant le palais présidentiel. Toujours rester entre la folie et la criminalité, être fou chez les criminels et criminel chez les fous ! Personne ne sait quoi faire, il jouit.

Les personnages maudits sont ses héros d'ailleurs, chacun doit reconnaître sa spécialité. Son dernier coup en date : faire célébrer une messe pour Hitler. Le curé est convaincu : Plus que les autres, les bannis ont besoin d'amour. C'est l'histoire de sa vie, il ne peut renoncer à la noirceur.

C'est le roi noir[1]. C'est sa vie.

---

1. Il s'agit donc ici d'un patient présentant en fait un trouble de personnalité sévère sans doute avec des éléments de ce qui a été décrit comme la personnalité *borderline*. Ce trouble de personnalité très intense peut prendre à certains moments des aspects évoquant un processus schizophrénique, soit des hallucinations. Mais dans cette histoire la manipulation, le jeu, l'exploitation de l'entourage, les mouvements impulsifs, les mises en scène montrent à quel point le conflit psychologique est au-delà d'une maladie plus biologisante que la schizophrénie. Comme disait un de mes maîtres, en plaisantant : «Pour les patients présentant des troubles sévères de personnalité comme pour les mangeurs d'ail, c'est l'entourage qui souffre le plus».

Ah ! au fait, à soixante ans, il est devenu homosexuel et fréquente les bars louches. Mais pas de crainte, il est schizophrène.

Peur

*V*aclav vient de la peur, et il l'a emportée avec lui. Les choses importantes sont comme cela, on les garde même si on les quitte.

Il est beau, brun, séducteur, il a ce charme un peu sauvage qui attire et cette énergie angoissée qui séduit les femmes dont le père est parti à la guerre.

Il a la trentaine ténébreuse et il sait qu'il ne séduit que tant que les ténèbres ne se dévoilent pas.

Il aurait pu rester comme cela, ténébreux, un peu angoissé, sauvage et inatteignable. Il aurait pu rester cela dans cette Sarajevo de guerre, d'obus, de francs-tireurs, où la vie est sur le fil entre la mort et l'insouciance et où elle se fabrique de cette texture si intense qu'elle ne laisse passer entre ses mailles aucune parcelle de faiblesse.

Il aurait pu rester cela, il le voulait d'ailleurs, s'engager dans on ne sait quelle faction, le but importe peu pourvu qu'on ait la peur et une kalachnikov pour antidote, pourvu qu'on ait un désir et l'éloignement d'un hypothétique idéal politique pour apaisement.

Cela ne s'est pas fait. Une femme, sa mère évidemment, l'en empêche. Il hésite, elle lui parle de sa peine de veuve. Elle lui parle de lui comme d'un enfant qu'elle veut protéger et, au fond, elle lui parle de sa faiblesse.

Mais l'amour des femmes tue toujours le désir des hommes et il y cède, comme un renoncement et parce qu'elle a ouvert dans son désir ténébreux la brèche de ce qu'il a de féminin en lui.

Pour Vaclav, un homme est un homme, mais s'il laisse sa féminité s'entrouvrir le déséquilibre commence. Dans son monde, il n'y a pas de mot pour la féminité et elle s'insinue en lui comme un poison.

Les poisons sont sans doute cela, les choses qu'on porte en soi et qu'on ne peut nommer.

Alors Vaclav lui trouve un nom à ce poison, son cœur évidemment. Il a peur d'avoir une crise cardiaque comme son père. Comme tous ces noms de l'anxiété, ils sont un peu décalés, ils ne collent pas à la réalité, mais qui parle de réalité.

Il n'est pas vraiment cardiaque, mais qui en est jamais sûr jusqu'au jour de l'infarctus? La faiblesse était ainsi en lui, jamais là, sous les obus, mais fulgurante dès le renoncement devant sa mère. Entre la kalachnikov et sa mère, il a choisi sa mère et la peur.

Et il y a des choix qui tuent.

Pas toujours ceux qu'on croit.

Fuite au Canada pour échapper à la guerre, puis fuite au-dedans de lui-même pour échapper à la peur. Vaclav s'enferme chez lui. Dès qu'il sort, elle le rattrape. Que ferait-il s'il avait un malaise tout seul sur la rue, que ferait-il s'il était seul dans la maison, que ferait-il si le médecin se trompait, que ferait-il si le cardiologue ne faisait pas tous les examens. Que ferait-il si des examens étaient faits à un moment où sa terrible faiblesse était inapparente, insaisissable, traître, menaçant son énergie à vivre.

Il ne le sait pas et la force de ces questions l'écrase comme sa mère a écrasé à tout jamais en lui le courage de désirer. Il l'a choisie, elle, et sa protection parce qu'elle était femme et seule. Leur amour est fait de cela et cet amour-peur-protection les unit à tout jamais.

Alors, quand Vaclav a trop peur de mourir pendant la nuit, elle l'accueille dans son lit. Il y dort si bien, comme un bébé, il rêve à Sarajevo, et elle aussi, parce qu'ils l'ont gardée cette ville-peur le jour où ils l'ont quittée[1].

---

1. Agoraphobie sévère, la peur est une expérience étrange, infiniment subjective. Les liens entre la peur et le désir sont souvent intimes et souvent tressés, faisant alterner l'individu de l'un à l'autre.

Visage

Amélia est bizarre. C'est terrible d'être bizarre dans une famille italienne. Elle passe des heures à se regarder dans son miroir et ne se coiffe pas. Elle ne se coiffe pas, ne se maquille pas et, d'ailleurs, elle n'a pas d'ami à qui sa sœur aînée devrait faire des recommandations sur sa virginité. Elle ne fait rien de ses journées et ça, sa famille ne le supporte plus.

Pourtant, elle pouvait se marier, elle a le visage suffisamment ingrat et touchant des filles qui se marient et qui ont des enfants.

Mais, depuis qu'elle est devenue bizarre, le cours de la vie s'est arrêté et Amélia, pour qui tout devait être simple, se regarde dans le miroir sans pouvoir s'en détacher. «Elle pense trop», dit la grande sœur toujours prête à penser à la place des autres.

C'est vrai, ou plutôt, elle pense trop parce qu'elle n'arrive plus à penser. Toutes les choses de sa vie, toutes ces choses claires du bonheur, du mariage, de l'odeur des sauces tomates dans la cuisine, du sourire satisfait des hommes après le vin et le repas, des petites boucles d'oreilles et du peu de rouge à lèvres permis par la pudeur, toutes ces choses-là, elle ne peut plus les penser simplement. Et même en se rapprochant le plus de ce qu'elle est, de ce visage ingrat qui est sa racine, elle ne se trouve plus et c'est pour cela qu'elle interroge son miroir et c'est pour cela qu'elle ne peut plus s'arrêter. Si elle le perd, elle se perdra tout entière[1].

---

1. La dysmorphophobie est un symptôme habituel dans les débuts de maladie schizophrénique. C'est un symptôme tout à fait étonnant. Le patient se perd dans l'observation de lui-même. Quelquefois certains détails de son visage sont au centre de cette contemplation, mais le principe général est une sorte de tentative de reprendre le contrôle des significations qui émanent de lui. Le visage est alors un refuge de l'identité.

Qu'est-ce que c'est ne pas penser, qu'est-ce que c'est penser trop, qu'est-ce que c'est ne plus penser les choses simples, difficile de l'expliquer et difficile de l'expliquer avec d'autres mots, avec d'autres pensées. Alors, pour Amélia simple, quelques mots compliqués tentent de combler ce vide de sens, Dieu, la philosophie, le sens de la vie.

C'est aussi cela la difficulté de penser d'Amélia, les choses ont trop de sens et il leur faut des mots plus grands. Des mots trop grands pour l'odeur des tomates, ou pour le rouge à lèvres. Dans sa folie, les choses se languissent des mots qui les reçoivent[1]. Encore quelques efforts pour inventer maintenant de nouveaux mots[2], mais les brisures de sens sont difficiles à endiguer. Amélia

---

1. Les troubles du langage chez les schizophrènes sont un sujet d'une infinie complexité. Il semble effectivement qu'il y ait une dissociation ou une sorte de trop-plein des significations par rapport au Moi.

Ces troubles du langage chez les schizophrènes ont amené des délibérations théoriques très variées. Une description plus pertinente semble avoir été produite par la neuropsychologie, qui montre à quel point plusieurs parties du cerveau attitrées au traitement de l'information sont en quelque sorte surstimulées dans le cerveau des schizophrènes.

2. Les néologismes ou paralogismes font partie de cette série du trouble du langage. Ces mots inventés sont souvent frappants par leur trop-plein de sens. Plusieurs élaborations ont d'ailleurs eu des aspects poétiques comme on le retrouve dans l'œuvre d'Artaud et dans l'utilisation de la folie qui a été faite par le groupe surréaliste.

est pétrifiée, perdue dans cet arrêt du sens. Alors, comme dit sa sœur, comme dit sa mère, comme on dit dans les familles italiennes quand on veut se raccrocher aux choses importantes. « En plus, elle ne travaille pas et elle n'aide plus dans la maison. »

Cris, larmes, lamentations de la mère, silence du père, la situation est intenable. Amélia est bizarre.

Urgence, hospitalisation, schizophrénie hébéphrénique[1], dysmorphophobie. Des mots tombent sur elle et, comme pour le reste, ils sont toujours trop grands.

Elle s'en défend comme elle le peut, elle ne veut pas prendre les médicaments, elle ne veut pas rester à l'hôpital, elle dit qu'elle veut un travail, une famille, que les médicaments l'empêcheront d'avoir des enfants.

Et même si cela n'a pas de sens pour elle qui reste toute la journée silencieuse devant son miroir ou dans son lit, et même si cela n'a pas de sens pour elle qui se parle seule, tous ces projets qui sont

---

1. La schizophrénie hébéphrénique, actuellement appelée schizophrénie désorganisée, est décrite très tôt dans la sémiologie de la schizophrénie comme un tableau clinique évoquant une symptomatologie prédominante de retrait, de désintérêt et de désorganisation en particulier du langage. C'est la schizophrénie dont le pronostic est le plus sévère.

au-dessus de sa tête comme des nuages qui passent, qu'elle ne peut ni saisir ni oublier, tous ces projets la font un peu exister par-delà ce qu'elle est.

Cette Amélia simple, avec cette philosophie de hall de gare et ces tomates qu'elle ne sait plus faire cuire, nous parle de cela.

Qu'est-ce qui dans la vie nous fait agir? Ces projets lointains ou la capacité à les accomplir, les nuages ou les embûches du chemin? Quels sont ces mots qui nous rapprochent de nos désirs, quels sont ces mots qui résisteront aux embûches?

Alors, justement, quand Amélia les gobe, ces embûches comme ces médicaments qu'elle ne voulait pas prendre, quand elle mange ces fèves au lard dans cette famille d'accueil québécoise, elle qui ne goûtait que le pepperoni, quand elle accepte de travailler dans un centre de travail, elle qui rêvait d'un vrai travail, alors justement les rêves lointains réapparaissent. Timidement, évidemment, les brisures ne se rattrapent jamais.

Et quand, plus tard, Amélia a dit à ses parents qu'elle veut se marier avec ce garçon rencontré au centre de travail,

schizophrène lui aussi, ils ont dit, bien
sûr, qu'ils n'étaient pas d'accord : « Quand
même, il est un peu bizarre, tu ne penses
pas ! »

Secret

*S*ophie dit qu'elle a des vertiges et personne n'y comprend rien. Personne ne comprend en quoi sa vie donne le vertige. Elle va mal et elle veut mourir pour ça. C'est une raison, en tout cas pour elle : ne rien voir de clair dans sa vie et avoir l'impression que tous les autres savent et voient, eux mieux que vous. Mais c'est difficile à expliquer quand on a dix-huit ans, de longs cheveux bruns et de beaux yeux bleus. Les autres ne comprennent pas et cela ajoute une raison de mourir. Alors, les longs cheveux cachent les yeux bleus, c'est la seule chose qu'elle sait faire, se cacher derrière ce joli visage qu'elle ne trouve pas si joli parce qu'elle ne sait pas vers quel avenir il se tourne.

Alors, Sophie se tue, beaucoup, souvent, trop pour que l'on puisse dire que c'est une peine d'amour ou une adolescente qui se cherche, mais assez pour comprendre qu'il y a autre chose que son vertige.

Elle se fait mal, Sophie, plus qu'elle ne se tue, elle se coupe les veines, elle prend des médicaments dans les toilettes de sa chambre à l'hôpital, elle se frappe la tête dans les murs, elle se griffe le visage. Elle ne s'aime pas. Elle n'arrive pas à expliquer cela dans son pauvre vocabulaire d'adolescente, et la seule chose qu'elle est capable d'en dire c'est qu'elle est laide et qu'elle a le vertige. Elle est jolie et le neurologue n'y comprend rien. Ce qu'elle n'est pas capable de dire, c'est que tout est flou mais qu'au moins ces blessures qu'elle s'inflige, elles, elles sont nettes, elle les sent et qu'elles, elles ont un sens. La douleur est claire, c'est pour cela qu'elle n'en meurt pas, et c'est pour cela qu'elle la montre.

Mais combien de temps peut-on supporter cette douleur qui se montre tellement mais qui reste floue et incompréhensible pour les autres?

Le premier qui n'en peut plus, c'est son père. Elle l'agace. Il n'en peut plus de venir la chercher à l'hôpital, il n'en peut plus de la surveiller, il n'en peut plus qu'elle ne grandisse pas, il n'en peut plus qu'elle lui prenne sa femme et, au fond, il n'en peut plus qu'elle soit mal à ce point-là. Il a raison.

On a toujours raison face à qui ne s'explique pas. On a toujours raison face à qui n'accuse pas.

Après le père, les médecins. Ils n'en peuvent plus non plus : des tentatives suicidaires à ne plus pouvoir compter, des spécialistes incrédules, des antidépresseurs qui ne changent rien, des entrevues vides, butées sur des poignets lacérés ou sur des vertiges qui ne se passent pas, un corps qui ne maigrit pas, un sommeil sans rêve, des entrevues de famille entre le silence de Sophie, l'agacement de son père et la bienveillance superficielle de sa mère.

Trouble somatoforme[1]. Trouble de personnalité sévère, trouble dysthymique.

---

1. Trouble physique d'origine psychique, vitrine physique d'un conflit psychologique qu'il faut saisir. La plupart du temps, comme chez cette patiente, cela amène une longue série d'investigations physiques toujours négatives ou floues, comme un arrêt devant une vitrine trompeuse. Trouble distinct des maladies psychosomatiques où existe une réelle lésion physique.

Un constat, presque un rapport d'autopsie. Vieille familiarité des médecins, décrire si on ne peut pas guérir et ne pas s'arrêter à cette tristesse.

Ils ont raison, cela existe les morts vivants, même à dix-huit ans.

D'ailleurs, le temps a passé. Ils ont au moins fait cela, les médecins, Sophie a vingt et un ans et ses morts sont familières des psychiatres, des infirmières. Elle les aime au moins pour cela.

La seule qui n'a pas abandonné, c'est sa mère. Elle a continué à aimer, sans rien dire, sans rien éclaircir non plus, un amour comme cela, suspendu dans le vide, sans rien dire de l'agacement de son mari, sans rien dire de sa peine à elle. Un amour ni vu ni connu.

Sophie ne va pas mieux, elle ne va pas plus mal non plus, mais sa mère, elle, va mal, très mal. C'était dangereux, un amour comme cela. Cancer de l'utérus, métastases envahissantes. Rare, mais cela l'emporte quand même, en six mois. Sa maternité était douloureuse, mortelle donc. Les maladies sont quelquefois comme cela, claires, nettes, tranchantes. Alors, le vertige peut enfin cesser.

Quelqu'un qui savait, peu importe qui, parle enfin. Elle parle à la place de la mère de Sophie, comme un testament maternel qui lui lègue enfin une lumière pour que tout ne soit plus flou.

Sophie n'a pas de père. Son père ne l'a adoptée que quand elle avait un an. Sa mère a voulu avorter puis y a renoncé, s'est cachée et n'a reparu qu'avec un mari présentable, quelqu'un qui les accepte, elle et son erreur, elle et sa faute, cette faute qu'elle aime telle-ment. Alors, elle a voulu que cette Sophie-faute soit parfaite, présentable. Et quand son mari perdait patience avec cette Sophie trop parfaite pour être heureuse, trop parfaite pour avoir con-fiance en elle, elle ne lui disait rien, elle avait trop peur.

Cette petite Sophie sentait qu'elle était en trop, qu'il fallait qu'elle soit acceptée et qu'elle n'en finirait pas de payer l'hypothèque qui pesait sur sa tête.

Un an, et une dette à payer sur toute sa vie.

Elle l'a senti. Elle ne l'a jamais su, elle sentait seulement que sa vie avait quelque chose de vertigineux et elle avait peur. Le flou du secret était autour d'elle et elle n'y voyait pas clair. Tout ce qu'elle

savait, c'était qu'elle n'était pas belle,
jamais assez en tout cas.

Qu'est-ce que Sophie est devenue? Elle sait maintenant, elle a cessé de se faire du mal, elle a accepté d'être suffisamment jolie pour avoir un ami, mais de temps en temps quand elle lui dit qu'elle veut rejoindre sa mère il lui dit qu'elle l'agace et qu'il ne voit vraiment pas pourquoi.

Il a raison.

Un long petit manque

*E*lle n'entend rien, elle vit dans le silence depuis qu'elle a deux ans. Fièvre, méningite, hôpital, convulsions, puis plus rien. Surdité postméningitique. Elle les voit, ils s'agitent, articulent et rien n'est comme avant. Il a duré si peu cet avant, quelques mots, les mots doux, les mots biberons, les mots nounours et maintenant, silence, pantomime.

La vie est solide pourtant, elle a quelque chose qui continue sans un mot, sans une justification, comme cela, la vie d'une petite fille de deux ans qui veut la vivre. Elle continue la vie, mais ils sont bizarres les mots nounours maintenant, il y a la caresse qui les accompagne, beaucoup de caresses même, mais des caresses silencieuses, étranges, comme ralenties par l'absence du son de la berceuse.

Il y a quelque chose de dangereux dans cette perplexité, rien de dramatique, rien de foudroyant, rien qu'une goutte de bizarrerie, de distance, de manque, une toute petite goutte qui grossira avec les années. Il y a des menaces comme cela, silencieuses, insidieuses, comme un long petit manque, le petit manque des mots nounours murmurés, les murmures doux qui font des nounours des nounours, chauds, doux, tranquilles et rassurants.

Mais là encore, la vie est solide, elle contourne, elle invente, elle trouve des solutions au manque.

Simone, elle s'appelle comme ça, mais cela n'a pas d'importance parce qu'elle ne s'est jamais entendue appeler. Simone cherche. Dans sa petite tête, la place du nounours est vide et ça n'est pas possible, c'est plus important encore que d'entendre son nom, cette place du nounours pour être une petite fille. Simone cherche.

Elle cherche comme on cherche à son âge, elle bouge, traînasse, rêve, tripote jusqu'à ce qu'elle trouve une sensation sur la douceur, une sensation sur la sécurité. Tant pis si la douceur est bizarre pour elle, la goutte du manque et de sa bizarrerie devient un peu plus grosse et Simone trouve un marteau, elle le racle, le frappe et il s'emplit de vibrations qui la font frissonner et la prennent tout entière comme une berceuse qui l'enveloppe, enfin.

Simone peut grandir, avec son nounours marteau et ses vibrations qui la prennent entière et qui la rassurent de sa perplexité silencieuse.

Elle le traîne partout et aussi sur le bord du fleuve, là où les vagues frappent le rocher de la berge et où elles aussi font leur accompagnement. Elle est là assise, une petite fille jolie, douce avec seulement ce grain de bizarrerie, cette touche d'étrange qui fait que sa douceur ne ressemble pas à la douceur des autres petites filles.

Elle parle maintenant par signes, elle rit mais il y aura toujours pour elle ce morceau de douceur marteau que les autres ne comprendront pas.

Ce langage de la douceur qu'elle ne pourra pas partager. Juste cette douceur. Tout le reste ira, correspondra, trouvera son sens, mais cette douceur marteau restera un mot étrange lancé aux autres avec espoir, puis tristesse, avec colère, puis enfin avec silence, avec le silence d'un abandon comme le silence de l'Univers pour l'homme qu'elle aura entendu trop tôt.

C'est trop tôt pour elle, comme pour n'importe qui. Il vaut mieux ne pas l'entendre ce silence, jamais ou le plus tard possible.

Il fait douter, s'inquiéter, sentir la solitude comme on la sent seulement au moment de la mort, mais elle n'en a pas l'âge.

Elle a grandi avec ce compagnon inquiétant, comme un vieil ennemi qu'on côtoie.

Et quand elle a vingt ans, il se rappelle à elle. Comme dans le maléfice de Blanche-Neige, le temps ne fait pas oublier.

Alors, ce silence qui ne répondait pas à ses vibrations rassurantes se peuple tout d'un coup. Le cerveau de l'être humain n'est pas fait pour supporter le silence de l'Univers, et quand ce silence se bute à rester, il y a quelque chose qui se casse. La perplexité devient de la peur, parce que la peur remplit le silence. Et Simone entend des bruits pour la première fois de sa vie. Comme ce n'est plus le temps des berceuses, ce sont des cris qui les remplacent. Elle entend des voix, elle qui ne se rappelait plus ce qu'est la voix entend maintenant des menaces, des hurlements à faire peur, des gens qui l'injurient et disent du mal d'elle.

Elle l'explique en signes, mais cela n'a pas de sens en langage des signes : «J'entends des voix.» C'est fou.

Simone est malade de ce silence mal rempli, elle est malade de ce silence plein de voix qui lui font peur comme lui faisait peur l'absence des berceuses.

Simone est schizophrène, elle a des hallucinations atroces et ne peut même pas en parler. Alors, quand elle est seule le soir, dans son appartement de jeune fille sage, Simone retrouve son ami, son nounours qui la rassurait tant.

Il était toujours là à l'attendre pour lui rappeler la douceur, pour lui rappeler le frisson des vagues, pour lui rappeler qu'une petite fille n'est rien sans cette douceur qui se voit, se sent, s'entend et qui vous enveloppe de sécurité. Et maintenant, avec son nounours marteau, elle frappe sur son plancher, elle frappe de

toutes ses forces, sans arrêter, pour le
sentir et qu'il la rassure pour qu'elle
n'entende plus ces voix insoutenables
qui lui parlent trop du silence.

Maison

*E*lle était belle cette maison, grande, claire. C'était un beau quartier, de ceux où les enfants peuvent jouer sur les trottoirs et où ils sont une image de plus de la prospérité. Une grande famille et l'argent pour que ces enfants soient insouciants, bien habillés, joyeux, excités et polis.

Ils étaient dix, dix à courir, à jouer, à faire du piano ou leurs devoirs. Marie était parmi eux et elle était un peu seule, un peu inquiète, à regarder les autres insouciants et joyeux. Elle aimait simplement un peu plus les devoirs. C'était une grande famille avec tout ce qui fait les familles des grandes maisons : un père étranger, terriblement étranger, juif, brillant, sombre d'une Salonique qui n'existe plus, échappé de la déportation par miracle, ténébreux, aventureux, amoureux de musique et de noblesse.

Un homme comme une tension, comme une raideur, voyageur sans bagages et sans mère.

Un homme pour le voyage et pour la passion.

La passion était pour sa femme. Cela arrive quelquefois et cela fait de grandes maisons, brillantes, brillantes du sombre du père et de l'éclat de la mère.

Elle, belle, élégante, pianiste de concert qui lâche tout pour l'éclairer lui, le métèque, le ténébreux, lui donner l'argent des plantations de café de son père et faire des bébés. Pas de retenue, pas d'à-peu-près. Une passion chaleureuse, brillante, de celle qui rend les enfants heureux. Une passion, comme un abri pour eux, pour qu'ils sentent au-dessus de leur tête que l'amour existe.

Ils le sentaient tous, cette ribambelle, excités avec elle et polis, intimidés avec lui.

Marie aurait pu être cela, et s'y sentir aussi bien que les autres. Elle aurait pu être cela si le bonheur était resté le bonheur, mais le bonheur ne reste pas là, même aussi léger, même aussi insouciant et aussi solide. Ils y étaient tous prêts mais la vie n'est pas juste.

Pas juste, c'est tout. La suite de l'histoire, peu importe, il faut seulement la raconter pour qu'elle trahisse le bonheur comme une ironie insouciante, insoutenable.

Il est nommé consul en Jamaïque, maison blanche, robes blanches, cocktails, il l'aime encore plus et elle est enceinte pour la onzième fois.

Accouchement, une petite fille, bonheur et puis brisure. La chaleur, les mouches, même sur les draps blancs. Les accouchements même heureux passent toujours près de la mort. Tout se passe très vite, embolie graisseuse, infection, gangrène, amputation du bras gauche, la pianiste, l'éclat de la maison se brise. Silence.

Silence dans la maison blanche. On envoie jouer les enfants dehors. Murmures, mais le silence est là.

Et Marie, la petite Marie le sent.

Cinquante ans après, elle se rappelle encore ce silence. Elle était la plus prête à l'entendre. Elle était la plus petite, la plus inquiète, et peut-être sentait-elle comme les chiens fidèles les tremblements de terre avant qu'ils arrivent.

Il y a des gens comme cela, comme des détecteurs de malheurs imminents. Ils en ont peur, ils les craignent et cela arrive.

Ils sont des prophètes de mauvais augure, ils se sentent comme cela en tout cas, parce que les malheurs pas justes, les malheurs qui ne sont la faute de personne, cela n'existe pas pour les petites filles.

«C'est celui qui le dit qui l'est», disent les petites filles en sautillant. Marie a senti le malheur avant les autres, elle l'a dit, elle l'est! Le reste n'est que déclinaison.

Tristesse.

Colère.

Culpabilité.

Dévouement.

Amertume.

Cinquante ans à décliner ce latin, ce latin de malheur.

– Tristesse quand cette maman pâle remet sa robe blanche et que Marie ne pose plus sa tête sur ses genoux pendant qu'elle joue du piano. Pas de concert pour une main et un moignon.

— Colère contre ce bébé qui grandit quand même de ce malheur et profite voracement de la vie.

— Culpabilité devant ce père brisé aux ténèbres encore assombries qu'elle n'arrive pas à consoler et qui se fâche avec tout le monde.

— Dévouement à vouloir être plus que parfaite pour le séduire et le guérir.

— Amertume à ne jamais y arriver et à s'y épuiser.

Cinquante ans à ruminer cette litanie du malheur, à pleurer, à échanger une colère pour une autre, un dévouement d'un inconsolable de père à un ingrat de mari. Finalement, cinquante ans à trouver le malheur amer, pas juste, pas juste, et à se dire : «Pourquoi moi ?[1]»

Marie est une grand-mère maintenant, une drôle de grand-mère qui n'a pu être ni femme ni mère, c'est-à-dire qui n'a pu l'être heureuse.

Elle a souffert de ce «Pourquoi moi ?» Elle a souffert de ce dévouement à prouver que ce n'était pas sa faute. Elle a

---

1. Marie a un trouble dysthymique, c'est-à-dire une dépression chronique. Elle a un côté accaparant à se plaindre souvent que les autres ne l'aiment pas et cela amène toutes sortes de tensions interpersonnelles. Ce sont des symptômes et son diagnostic. De temps en temps, elle pose aussi sur ce diagnostic des questions et, en général, la question est encore : «Pourquoi moi ?!»

été infirmière évidemment, et femme trompée avec abnégation mais amertume.

Elle est une drôle de grand-mère parce qu'elle est encore une petite fille qui n'a pas compris.

Et comme une petite fille, elle aime les grandes maisons blanches.

Elle a toujours eu besoin de parler de cette maison. Elle en parle maintenant pour que sa maison à elle se remplisse maintenant.

Pour elle, c'est une thérapie de la maison.

Virginité

Il s'appelle Jean. Il a écrit une lettre, il n'y arrivait jamais avant, mais cette fois, il a écrit. La feuille était là, posée sur la table, et cette fois tous les mots qu'il avait en dedans de lui étaient sortis.

En fait, il en était vierge de ces mots. Il l'avait gardée longtemps, cette virginité, lourdement. Elle avait été un enjeu avec tous ceux qu'il avait rencontrés.

Un enjeu comme sont les vrais enjeux, cachés, tus et masqués par tout ce à quoi il avait cru, tous ces fantômes de son désir.

Il y avait eu l'argent, la réussite, et puis bien sûr l'amour. L'amour qu'il avait, au travers de ces fantômes, toujours senti comme un manque.

Et dans cette vie fantomatique, peuplée de toutes ces choses qui n'existaient pas, il s'était longtemps battu comme on peut se battre contre ce qui n'existe pas. Il voulait plus d'argent, plus de réussite et, bien sûr, plus d'amour.

Dans ces fantômes du désir, au-delà des vrais enjeux, les choses sont comme cela : plus, moins, pas comme ci, plus comme ça. Mais l'amour n'est pas comme tout le monde. L'amour est comme personne et l'amour ne se demande pas, plus, mieux, moins. Il est et, s'il n'est pas, il fait éclater les fantômes. Histoire d'homme, histoire de fils de femme, la virginité était son histoire et les mots l'avaient dépucelé. Seulement les mots.

Combien d'hommes étaient ses frères, combien de maris, d'amants de métier lui ressemblaient à craindre l'amour, à être cette distance que certaines femmes mères admirent.

Elle n'était pas comme cela et elle était partie. Il avait d'abord senti ce manque comme une confirmation de sa vie de fantôme. Elle n'était pas assez ceci et était trop cela. On s'accroche toujours aux fantômes, ces fantômes qui vous protègent de la peine. Mais cette peine existait depuis le début et cette peine ne dépendait pas d'elle. Il s'était marié dans cette conspiration du silence que les hommes croient des femmes qui veulent se marier. Comme si l'amour ne faisait pas de bébé. Et ce silence, il n'avait pas su s'il était mystérieux ou hypocrite. Il avait parlé pourtant dans ce silence, il n'avait pas écrit. Seulement une fois au début, et elle n'avait pas compris.

Le désir c'est prendre, c'est brutal, et ce n'est pas comprendre.

L'enjeu, son enjeu, il n'en avait plus parlé parce qu'il ne croyait pas que l'amour le changerait. Il avait raison, il n'y avait pas de rapport. Quel rapport pouvait-il y avoir? Son enjeu parlait de peur, de mort, de tristesse, de vie gâchée dans les fantômes. Peu importe, tout cela était de l'enfance. Son enjeu parlait du passé. Et il en avait, il en aurait honte, de cette honte qui envahit le présent.

Il en avait honte parce que cet enjeu, cette mort, ces petites morts de la tristesse, ces petites morts de l'exil du bonheur ne parlaient que de lui. La mort est comme cela, égoïste. Au fond, qui en parle ne pense qu'à soi.

Alors, il l'avait écrit de nouveau cette lettre, elle avait jailli par-delà ces fantômes et elle était claire, noire sur blanc, posée bien seule sur le bureau vidé de tout le reste excepté son arme.

Il s'était reculé. Elle n'était adressée à personne puisqu'elle parlait de la mort, et il avait tiré au milieu de son front. Il y avait eu un grand trou rouge. Il n'était enfin plus vierge.

Tout commençait.

La lettre l'avait sans doute sauvé. Il ne l'avait pas quittée des yeux et il n'avait pas regardé la mort en face, pas assez en tout cas. Elle était là, cette lettre, elle l'avait accompagné dans l'ambulance, puis à l'hôpital.

Elle était là, bien rangée dans son dossier, parmi les rapports de radiographie, les notes des infirmières sur son état d'éveil, son sommeil, ses plaintes, ses repas. La multitude et la minutie de l'hôpital accueillent tout, même les lettres sur la mort. Sa lettre-mort était de nouveau là, parmi les fantômes, les petits riens, les jours, le jour, et en la voyant on savait lesquels existaient le plus. Il fallait qu'il l'apprenne, mais pour cela il devait jeter la lettre et se séparer de la mort. L'hôpital ne pouvait faire cela pour lui.

Comme une larme
dans l'encrier

André est triste. C'est une dépression, c'est une peine d'amour, c'est facile, cela passera. Des bons mots. Pourtant, il veut écrire tout le temps, il est assis, il est seul et, bizarrement, il ne sait pas quelle table choisir. Il s'inquiète de cela comme on s'inquiète des anxiétés qu'on essaie férocement de placer hors de soi. Au fond, il s'inquiète et il s'agite à changer de place parce qu'il n'en a pas. Seules les lettres qui se posent sur le papier blanc sont sa sécurité. Comme quand il était à l'école et qu'il se fascinait pour l'encre qui se déposait en brillant sur le papier. Elle brillait puis s'éteignait et tout était à refaire. Il fallait toujours continuer et cela, il le sentait depuis qu'il était enfant. Il ne fallait jamais s'arrêter, il n'y aurait jamais de sécurité et le regard des autres n'aurait jamais le temps de se poser assez vite ou avec la bonne inclinaison sur ces mots pour qu'ils partagent cet émerveillement avec lui. Il avait une belle écriture, appliquée, trop peut-être. Là était sa question.

Il était anxieux que chaque chose soit parfaite, saisie dans ce qui le séduisait, et de pouvoir le faire partager aux autres. Les objets, ce qu'il faisait, étaient son anxiété parce qu'ils étaient aussi son manque, un autre manque. Ils étaient beaux, le séduisaient, puis partaient et il leur en voulait longtemps, férocement, comme une colère sauve de la peine.

Les peines sont comme cela, longtemps cachées par les objets, longtemps cachées par les autres.

Et quand il repensait à l'école, aux plumes, à l'encrier et surtout à l'encre qui brillait sur le papier quadrillé, il ressentait une sorte de calme, pour un temps au moins.

Il aimait l'école et s'attendait à ce que la vie soit comme une maîtresse d'école séduite par la belle écriture et le sérieux. Il aurait tout fait pour cela. Mais la vie n'est pas comme cela. Tout au moins pas tout le temps.

Et les femmes surtout ne sont pas comme ça. Les femmes qui comprennent tant l'amour que lui ne comprenait pas. Il n'avait pas compris qu'une maison tient plus par l'air qui s'y respire, le bonheur des enfants qui y habitent, que par les murs qui la soutiennent. Ses enfants étaient inquiets. Lui ne comprenait pas pourquoi sa femme était triste et il lui demandait ce qui lui manquait. Il voulait l'aider, elle voulait l'aimer. Au fond, il voulait l'aimer et elle voulait l'aider, mais ils ne le savaient pas. Évidemment, cela s'est cassé comme les silences cassent les choses, en laissant imaginer ce qu'auraient pu être les paroles.

Il l'avait choisie amoureuse, elle l'avait choisi dépendant, les deux choses dont ils avaient le plus peur.

Il a des amours, elle cherche de l'aide. Il sort le soir seul, elle bâtit une maison maintenant. Ils cherchent toujours... Ils ont besoin d'en parler. Sans doute une thérapie... Une thérapie de couple qu'ils font chacun de leur côté. Une thérapie de solitude, sans doute les meilleures.

La thérapie comme la vie, pour que le temps passe.

Le temps, le temps, mais il y aura toujours l'encre et il y aura toujours les larmes.

Postface

L'événement du récit

Gad Soussana*

$\mathcal{Q}$uand, durant des jours entiers, il arrive des choses qui nous semblent de moins en moins perceptibles, de plus en plus difficiles à intégrer aux compréhensions attendues, prennent forme des récits. Celui qui raconte au nom du «patient» a su alors se déprendre de la part claire des jours pour aller aux lieu et seuil de leur opacité, du nocturne qui en eux nous assaille d'un autre sens.

---

* Gad Soussana enseigne la philosophie aux départements de philosophie de l'UQAM et du collège Édouard-Montpetit. Ses travaux portent sur la notion d'événement dans l'histoire de la pensée philosophique et à ses croisements.

Qu'on tente de le nommer, qu'une formulation cherche à l'esquisser, c'est la première approche de cette nuit du sens, où les choses continuent à se dire, les événements à se passer sans que l'interruption des significations évidentes n'ait de prise sur leur réalité en cours. Celui qui raconte l'événement s'y situe : il a fait ce trajet de déperdition du «bon sens», et sa voix, sans se perdre puisque soucieuse de raconter, stylise une autre expérience du sens attentive à marquer de ses touches les escarpements d'un paysage inédit. Où sommes-nous désormais, nous qui avons suivi le chemin du récit – celui du présent blessé, des délires insoutenables, du bonheur jamais advenu – *arrivés* dans cet espace de parole ? Il fait lumière, les lieux sont profonds et ont du volume. Pourtant, l'ensemble du relief nous aveugle. D'où les paroles en écho qui viennent de ce paysage sont-elles émises ? « Qui » ou « quoi » parle donc ? Y a-t-il encore du sens à poser ces questions et permettent-elles de «dire» – déjà comme si le récit y prenait cours – ce qui se dit *vraiment* dans le récit de l'événement ? Raconter l'événement comme s'il s'agissait en fait de redonner un sens aujourd'hui à ce mot d'humanité, ici transformé :

«Car je vous le dis en vérité, il n'y a que l'événement du Visage qui se raconte.»

Mais ces questions et la transformation de la «parole de vérité» autour de laquelle elles tournent n'auront pas rejoint le récit si elles ne consentent à conjurer le sens immédiat de la vérité. Où la vérité – d'une existence, d'une parole, d'un souffle – s'exprime-t-elle sinon au-delà de ce que nous nommions plus haut, les compréhensions attendues, celles précisément qui ne font jamais accueil au récit pour ce qu'il est, dans son dire de récit, préférant le défigurer, le refigurer, toujours le préjuger dans les règles disciplinaires ?

En psychiatrie, le récit de l'événement est occulté, neutralisé dans sa forme, tout au plus récit de «patient», de «cas», sans qu'à aucun moment l'acte clinique qu'il fonde puisse en nommer la singularité puissante. Puissance du récit qui nous arrive mot par mot, souffle après souffle, quand l'Autre, le Souffrant, parle, balbutie, vocifère. Ces moments qui sont le récit, *ceux-ci* et aucun autre, sont effacés dans le diagnostic, dans l'hospitalisation de la souffrance ; ils ne font pas partie des buts de la Cure. C'est la tendance insidieuse de la médicalisation.

C'est comme en la rusant de derrière, voulant échapper à sa violence, qu'une autre «psychiatrie» se trame. Au-delà de la violence des formes, des instances, des mesures à prendre. Elle a pour nom «psychiatrie sensible»: ni méthode, ni calcul, ni instance opératoire d'un type nouveau; la psychiatrie sensible n'est pas cela sans pourtant dénier cela; elle ne réfute pas le point de vue spécialiste ni ne renonce à traiter, donc à intervenir dans l'aliénation, mais elle le fait ailleurs, peut-être très loin. Dans le récit.

Ceux qui auront lu son récit, ses récits de Visage chaque fois singulier, incomparable, infiniment tendre, auront appris qu'on ne peut pas les interrompre, qu'ils continuent bien au-delà du conte, que ce qui s'y raconte continue d'avoir lieu, dans l'éclat d'une vitalité absolue que la mort même ne peut effondrer. Cette résistance de la vie, en dépit de ses éclipses, dans l'émergence du récit, «en vérité je vous le dis, il n'y a que l'événement du récit qui parle».

Table des matières

Remerciements

L'écriture est solitaire, la rendre publique ne l'est pas.

Merci à ceux qui ont permis ce passage :

- *Mme Lyne Allard pour sa rapidité et son organisation ;*

- *la compagnie Smithkline Beecham (M. Pierre Lucier) et la fondation de l'hôpital L.-H. Lafontaine (Mme Claire Verreault) pour l'aide qu'ils fournissent à la diffusion de ces récits.*